Combien de **véhicules** vois-tu sur la terre?

Une **autosable**.

SUR LA TERRE

Un livre de la collection
Les racines de Crabtree

CHRISTINA EARLEY

Crabtree Publishing
crabtreebooks.com

Soutien de l'école à la maison pour les parents, les gardiens et les enseignants

Ce livre aide les enfants à se développer grâce à la pratique de la lecture. Voici quelques exemples de questions pour aider le lecteur ou la lectrice à développer ses capacités de compréhension. Les suggestions de réponses sont indiquées en rouge.

Avant la lecture

- De quoi ce livre parle-t-il?
  - *Je pense que ce livre parle des véhicules qui roulent sur la terre.*
  - *Je pense que ce livre parle des types de véhicules qui se déplacent sur la terre.*
- Qu'est-ce que je veux apprendre sur ce sujet?
  - *Je veux savoir quels types de véhicules on peut conduire sur la terre.*
  - *Je veux apprendre les différents types de véhicules qui se déplacent sur la terre.*

Pendant la lecture

- Je me demande pourquoi...
  - *Je me demande pourquoi les motoneiges peuvent aller sur la neige.*
  - *Je me demande pourquoi les véhicules qui vont sur la terre sont différents des véhicules qui vont sur la route.*
- Qu'est-ce que j'ai appris jusqu'à présent?
  - *J'ai appris que les autosables roulent sur le sable.*
  - *J'ai appris que les voiturettes de golf sont utilisées sur les terrains de golf.*

Après la lecture

- Nomme quelques détails que tu as retenus.
  - *J'ai appris que différents types de véhicules sont utilisés sur la terre.*
  - *J'ai appris que les gens ont des véhicules particuliers pour les aider à se déplacer sur la terre.*
- Lis le livre à nouveau et cherche les mots de vocabulaire.
  - *Je vois le mot* ***autosable*** *à la page 4 et le mot* ***motoneiges*** *à la page 10. Les autres mots de vocabulaire se trouvent à la page 14.*

Deux **tracteurs**.

Trois **voiturettes de golf**.

Quatre **motoneiges**.

Les gens utilisent des véhicules sur la terre.

E60-T-278
064-A-952

Liste de mots

Mots courants

combien	les	tu
de	quatre	une
deux	sur	utilisent
la	trois	vois

La boîte à mots

autosable

voiturettes de golf

motoneiges

tracteurs

véhicules

25 mots

Combien de **véhicules** vois-tu sur la terre?

Une **autosable**.

Deux **tracteurs**.

Trois **voiturettes de golf**.

Quatre **motoneiges**.

Les gens utilisent des véhicules sur la terre.

LES CHOSES QUI VONT...

SUR LA TERRE

Crabtree Publishing

crabtreebooks.com 800-387-7650

Au Canada : Nous reconnaissons l'appui financier du gouvernement du Canada par l'entremise du Fonds du livre du Canada pour nos activités de publication.

Autrice : Christina Earley
Conception : Rhea Wallace
Développement de la série : James Earley
Correctrice : Janine Deschenes
Conseils pédagogiques : Marie Lemke M.Ed.
Traduction : Annie Evearts

Références photographiques : Shutterstock : Valentin Valkov. : couverture, p. 1; Artie Medvedev : p. 3, 14; pixinoo : p. 5, 14; Emjay Smith : p. 6-7, 14; sirtravelalot : p. 8, 14; Olhna Pashkovska : p. 10, 14; novak.elcic : p. 12

Imprimé au Canada/102023/CPC20231020

Publié au Canada
Crabtree Publishing
616 Welland Avenue
St. Catharines, Ontario
L2M 5V6

Publié aux États-Unis
Crabtree Publishing
347 Fifth Avenue
Suite 1402-145
New York, NY 10016

Paperback 978-1-0396-0705-7
Ebook (pdf) 978-1-0396-0710-1
Epub 978-1-0396-0715-6
Read-along 978-1-0396-0720-0
Audio book 978-1-0396-0725-5

Catalogage avant publication de Bibliothèque et Archives Canada

Titre: Sur la terre / Christina Earley ; texte français d'Annie Evearts.
Autres titres: On the land. Français.
Noms: Earley, Christina, auteur.
Description: Mention de collection: Les choses qui vont... | Les racir de Crabtree | Traduction de : On the land. | Comprend un inc
Identifiants: Canadiana (livre imprimé) 20210258454 | Canadiana (livre numérique) 20210258489 | ISBN 9781039607040 (couverture souple) | ISBN 9781039607095 (HTML) | ISBN 9781039607149 (EPUB) | ISBN 9781039607194 (livre numérique avec narration)
Vedettes-matière: RVM: Véhicules automobiles—Ouvrages pour la jeunesse. | RVMGF: Documents pour la jeunesse.
Classification: LCC TL147 .E2714 2022 | CDD j388.3/4—dc23